AF363942

OBSERVATIONS

DE LA

COMPAGNIE DES AVOUÉS

PRÈS LE TRIBUNAL CIVIL DE LA SEINE

SUR LE

PROJET DE LOI

Dû à l'initiative de M. Jacques PIOU, député

AYANT POUR OBJET

De modifier les Articles 457, 458, 459 et 466 du Code civil,
relatifs à la vente et au partage des biens de mineurs.

Le projet de loi soumis en première délibération à la Chambre
des Députés se présente sous une forme en apparence très simple,
puisqu'il consiste à ajouter un paragraphe aux quatre articles du
Code civil cités plus haut.

Il n'en a pas moins pour objet et aurait pour effet de boule-
verser notre législation civile et toutes nos lois de procédure en ce
qui concerne les biens de mineurs.

L'auteur du projet dit qu'il veut arriver à la diminution des frais judiciaires qui grèvent les biens de mineurs. Atteint-il ce résultat? Nous l'examinerons plus loin.

Mais le résultat certain de sa proposition sera d'enlever aux mineurs et aux incapables la protection légale à laquelle ils ont droit.

§ 1er.

La diminution des frais de justice est une des réformes réclaméc par l'opinion publique.

Elle est désirable à tous égards.

Mais elle ne peut être efficace qu'à la condition :

1° D'être l'objet d'un travail d'ensemble.

2° D'être secondée par les sacrifices du Trésor Public au moyen d'une diminution notable des droits d'enregistrement de timbre et de greffe.

Les Agents de la loi (Officiers ministériels et autres), sont tout prêts à y donner leur concours, comme ils l'ont fait en maintes circonstances.

Ils appellent de tous leurs vœux une réforme où les droits du Trésor seraient, ainsi que leur rémunération, proportionnés à l'importance des affaires.

En attendant ce résultat désirable, leurs représentants apportent une collaboration dévouée aux travaux de la Commission extra-parlementaire, qui continue au Ministère de la Justice un travail de réforme du Code de Procédure civile, déjà soumis en grande partie aux délibérations de la Chambre des Députés sous forme de projets de loi.

Cette Commission s'occupe en ce moment des voies d'exécution des jugements, elle va donc bientôt aborder les procédures de saisie immobilière, de vente de biens de mineurs, de partages, de bénéfice d'inventaire, etc.....

C'est dans ce travail méthodiquement suivi que la réforme demandée peut trouver une application utile aux justiciables.

Le projet de M. Jacques Piou, prétend changer la Loi civile sans toucher au Code de procédure.

Cela ne paraît pas logique lorsqu'il s'agit de diminuer les frais de justice.

<h3 style="text-align:center">§ 2.</h3>

Pour arriver à une diminution des frais le projet s'attaque aux garanties que le Code civil a organisées dans l'intérêt des incapables.

Trouve-t-on que les mineurs n'ont pas besoin d'être protégés?

Dit-on que la loi civile ait tort de veiller sur les biens des incapables?

Comment pourrait-on le prétendre lorsqu'à une époque toute récente, on a jugé nécessaire de faire la loi du 28 février 1880, qui enlève aux tuteurs le droit de disposer des valeurs mobilières de leurs pupilles?

Après avoir donné à la fortune mobilière des mineurs une protection qu'elle n'avait pas, il semble extraordinaire qu'on veuille enlever à leur fortune immobilière la protection dont elle s'est bien trouvée depuis près d'un siècle et dont on a considérablement simplifié les formes par la loi du 2 juin 1841?

C'est pourtant à ce résultat qu'arrive le projet de M. Jacques Piou, en autorisant le tuteur *à vendre amiablement les immeubles du mineur, et à faire des partages amiables de ses biens.*

Cette proposition si grave, déroge aux principes généraux de notre droit.

Elle est en contradiction manifeste avec des prescriptions du Code civil dont le maintien s'impose.

Elle sacrifie les intérêts des incapables.

Nous croyons pouvoir le démontrer rapidement.

§ 3.

La loi civile et la loi de procédure partent de ce principe que toutes ventes dans lesquelles des incapables ou des tiers créanciers sont intéressés ne présentent des garanties réelles que si elles sont faites *avec publicité, avec concurrence d'étrangers, avec faculté de surenchères.*

Ce sont ces trois conditions qu'elle impose en matière de saisie immobilière, de vente de biens de mineurs, de succession bénéficiaire, de vente de biens dotaux, etc.

Les deux premières de ces conditions sont les seules qui puissent donner à la vente toutes les chances de succès.

Le droit de surenchérir du sixième dans la huitaine de l'adjudication, vient corriger les surprises et permettre aux amateurs hésitants de courir les chances de nouvelles enchères; peut-on douter de l'utilité de la surenchère quand on voit, dans la dernière statistique, *qu'elle se produit sur les ventes judiciaires dans la proportion de 34 pour 100.*

La loi civile considère que le prix d'un immeuble n'est définitivement fixé que lorsqu'il a subi l'épreuve de la publicité, de la concurrence et de la surenchère. Aussi proclame-t-elle les ventes de cette nature inattaquables pour cause de lésion (Art. 1684).

Le projet de loi de M. Piou, fait disparaître ces trois conditions considérées cependant et à juste titre comme essentielles à la sincérité de la vente.

Il autorise le tuteur à vendre les immeubles du mineur à l'amiable avec toutes les chances d'erreurs, de fausse appréciation, de collusion même que peuvent entraîner des ventes de cette nature.

Certains membres de la Commission de la Chambre des Députés paraissent avoir émis l'avis qu'il serait au moins utile de maintenir le droit de surenchère pour les ventes amiables, mais M. le Rapporteur de la Commission nous apprend qu'on ne s'est pas arrêté à cette idée parce que, si la surenchère se produisait, il faudrait procéder à la vente publique conformément aux articles 953 et suivants du Code de procédure. — Ce sont des formalités coûteuses et inutiles, dit-on ; et pourtant le mineur bénéficierait par la surenchère d'un sixième au moins du prix mal à propos accepté par son tuteur.

Il est donc bien évident que le projet supprime toutes les garanties qu'on a jusqu'ici considérées comme essentielles à la vente, et qu'il sacrifie même des avantages évidents pour le mineur, dès qu'il y a quelques formalités à remplir pour les lui assurer.

C'est pousser bien loin, il faut le reconnaître, la peur des formalités judiciaires.

A ces formalités on propose pourtant d'en substituer d'autres, la délibération du Conseil de famille et l'homologation du Tribunal.

Nous examinerons plus loin le point de savoir s'il y a là une protection efficace.

Le projet de M. Jacques Piou modifie ainsi l'article 466 du Code civil :

« Le partage amiable n'est valable qu'après qu'il aura été sou-
« mis à l'autorisation du Conseil de famille et à l'homologation du
« Tribunal; les lots seront tirés au sort en présence du juge de
« de paix, qui dressera procès-verbal. Quand le partage devra être
« fait en justice, il sera précédé d'une estimation ».

Le reste comme à l'article, dit le projet.

Or, l'article 466 du Code civil dit exactement le contraire, puisqu'il déclare que le partage ne pourra être fait qu'en justice. Les articles 838, 839, 840 du Code civil, contiennent des prescriptions de même nature. Les articles 953 à 965, 966 et suivants, du Code de procédure civile, amendés par la loi du 2 juin 1841, organisent un système tout contraire à celui du projet.

Comment leur maintien peut-il se concilier avec lui ? c'est ce qu'il nous est impossible de comprendre.

Mais ce qui est certain, c'est que l'honorable auteur du projet a voulu, qu'à l'encontre de toutes les règles inscrites dans nos Codes, les tuteurs du mineur puissent faire des partages amiables.

Les prescriptions de nos Codes sur les partages sont à la fois d'ordre civil et d'ordre politique.

En prescrivant l'égalité entre tous les héritiers, en abolissant les majorats qui permettaient d'avantager les aînés au détriment des autres enfants, en décidant que les lots se composeraient pour parts égales de meubles, d'immeubles et de droits de même nature; nos lois sur les successions et les partages ont créé l'état social actuel et démocratisé la propriété.

Au point de vue de l'intérêt privé, les partages comportent les opérations les plus complexes et les plus difficiles à saisir ; ils soulèvent les questions les plus délicates du droit civil, rapports, quotité disponible, réserve, interprétation des clauses du contrat de mariage, lotissements, établissement de comptes de capitaux et de fruits, etc. Ils ne peuvent être appréciés ni discutés que par les jurisconsultes les plus expérimentés.

Néanmoins, quand les intéressés sont tous majeurs, la loi s'en rapporte à eux pour l'application de ces prescriptions. Elle sait que, guidés par le soin de leur intérêt personnel, ils sauront faire valoir leurs droits et se faire au besoin assister de conseils par eux choisis.

Mais, quand il y a des incapables, c'est à la justice seule qu'il appartient de voir si les règles légales ont été respectées et si les intérêts des mineurs ont été défendus. C'est aux auxiliaires de la justice que revient le devoir de l'éclairer sur ce point *par un examen et une discussion contradictoire.*

Cette intervention de la justice, elle est réglée par toutes les dispositions légales que nous relevions plus haut.

Sans en réclamer expressément l'abolition, on les fait disparaître en permettant aux tuteurs de faire des partages amiables; sans se demander si leur impéritie ne laissera pas compromettre des droits qui ne sont pas les leurs, ou si, par complaisance, par faiblesse, dans un prétendu intérêt de famille, ils ne se prêteront pas à des combinaisons défavorables à leurs pupilles et contraires à des lois d'ordre public et d'ordre privé.

§ 4.

L'honorable auteur du projet de loi prétend remplacer les garanties résultant, pour les ventes, de la publicité, de la concur-

3.

rence et de la surenchère par une délibération du Conseil de famille approuvant la vente amiable et une homologation du Tribunal.

Il substitue à l'examen et à la discussion contradictoire des partages devant le Tribunal une délibération soumise à l'homologation.

Ce système de protection est-il suffisant?

Comment, dit-on, la délibération du Conseil de famille ne serait pas suffisante pour les ventes et les partages quand le Code civil lui-même a permis au Conseil de famille d'autoriser un emprunt avec hypothèque, de répudier une succession peut-être lucrative, d'accepter une donation peut-être onéreuse, d'acquiescer à un jugement peut-être inique, de faire une transaction dans laquelle les intérêts les plus graves, mobiliers et immobiliers, peuvent être engagés, enfin quand la loi du 28 février 1880 a accepté ce mode de protection pour l'aliénation des valeurs mobilières.

A cela nous répondrons en quelques mots :

Pour autoriser un emprunt et même une hypothèque, le Conseil de famille n'a qu'à examiner l'état de la fortune du mineur et la nécessité de l'emprunt; — c'est une opération peu compliquée dans laquelle *il n'y a pas d'intérêts contradictoires*, et qui sera contrôlée par le Tribunal.

Le Conseil de famille n'autorisera pas la répudiation d'une succession évidemment lucrative, il engagerait sa responsabilité; et il sait qu'en autorisant le mineur à accepter, il ne compromettra pas ses intérêts, puisqu'il ne peut être qu'héritier bénéficiaire (art. 461).

L'acquiescement à un jugement suppose naturellement une décision de justice préalable, pourquoi la supposer inique ?

Pour la transaction, la loi ne s'en rapporte pas au Conseil de famille puisqu'elle exige en même temps l'avis nécessairement assez onéreux de trois jurisconsultes, et l'homologation.

Enfin, la loi de 1880 autorise le Conseil de famille à donner son avis sur l'utilité de la vente des valeurs mobilières, mais elle ne l'autorise pas à en déterminer le prix. — *La vente a lieu en Bourse par ministère d'agent de change, si ce sont des valeurs cotées, ou aux enchères par devant notaire, si les valeurs n'ont pas de cote.*

Les auteurs du Code civil et ceux de la loi de 1880 se sont servis du Conseil de famille pour des actes d'une appréciation facile. Ils l'ont même appelé à se prononcer sur l'utilité de la mise en vente ou de la provocation du partage quand l'initiative de ces opérations doit être prise par les mineurs contre des cointéressés, mais pour la fixation du prix de vente ou pour l'appréciation des actes de partage, ils ont formellement répudié son intervention.

Est-ce là un formalisme suranné comme le dit le rapporteur, M. Piou ?

Assurément, non ; mais les législateurs se sont dit qu'il ne fallait demander aux conseils de famille que ce qu'ils pouvaient faire ; — ils se sont dit qu'en supposant un Conseil de famille aussi attentif et aussi éclairé qu'on voudra l'imaginer, on ne peut lui demander de déclarer que le prix obtenu par le tuteur dans une vente amiable est le prix réel de la chose vendue, qu'il n'a et n'aura jamais les éléments nécessaires pour le savoir d'une façon certaine ; qu'il ne saura jamais s'il n'y a pas d'autres amateurs qui, pour des raisons de valeur et de convenance, en auraient donné un prix supérieur, qu'en un mot jamais le Conseil ne pourrait prendre un parti en connaissance de cause.

Les législateurs se sont dit que le danger serait encore bien plus grand si on se trouvait devant un Conseil de famille composé de personnes indifférentes ou même complaisantes.

Qu'enfin le Tribunal lui-même saisi de la demande d'homologation n'aurait aucun des renseignements pouvant asseoir sa décision.

Et ils ont pensé que la mise en vente de l'immeuble, avec publicité, concurrence et surenchère, était le seul moyen certain d'en fixer la valeur.

Pour les partages, le législateur s'est dit qu'une liquidation dans laquelle les intérêts les plus divers sont en jeu et les questions de droit les plus ardues sont soulevées, ne pouvait être contrôlée que par des jurisconsultes, c'est-à-dire par le Tribunal, après un examen contradictoire des conseils des parties; — qu'un Conseil de famille serait suspect de partialité s'il se composait de *parents* **inté ressés** dans le partage, qu'il serait en outre incapable d'une étude et d'une appréciation si difficiles, surtout s'il se composait, comme cela arrive souvent, de parents ignorants, d'amis ou de mandataires indifférents.

Ces raisons étaient sérieuses en 1803 et en 1841. — Elles le sont encore aujourd'hui.

A l'appui de la modification par lui demandée à nos lois civiles, le rapporteur invoque enfin l'exemple des pays voisins :

La Belgique a répudié cette partie de notre Code civil ? S'en est-elle bien trouvée ? On nous a affirmé que la conservation de la fortune des mineurs avait grandement souffert de cette modification. — Aussi songe-t-on à changer la loi.

Enfin si l'Allemagne a imposé une législation nouvelle à l'Alsace-Lorraine, est-ce un motif pour que nous l'introduisions dans notre pays ?

§ 5.

Quelle que soit l'opinion que la Chambre des Députés puisse avoir sur le projet de M. Jacques Piou, il est certain qu'il ne peut être transformé en loi dans la forme qui lui a été donnée par son auteur.

Nous avons déjà dit en effet, que le projet, tel qu'il est libellé, est en contradiction manifeste avec une série d'articles du Code civil et du Code de procédure civile, qu'il laisse subsister. On ne touche pas à une partie de nos Codes, sans ébranler l'édifice de notre législation.

Les articles 456, 457, 458 et 466 du Code civil, promulgués en 1803, se sont trouvés modifiés en 1806, par le Code de procédure (Titres de la vente des biens de mineurs et des partages et licitations). Le Code de procédure a été lui-même, en ces matières, considérablement amendé par la loi du 2 juin 1841. — Si les principes posés par le Code civil ont été conservés, toutes les dispositions par lesquelles il en réglait l'application, ont été remplacées par des lois plus récentes.

Comment peut-on toucher aux uns sans toucher aux autres?

Nous pourrions encore citer bien des contradictions entre le projet et les dispositions de notre droit.

Contentons-nous d'en relever une qui aurait dû frapper l'auteur du projet et la Commission de la Chambre.

L'article 461 du Code civil dit que le mineur ne pourra accepter une succession que sous bénéfice d'inventaire.

On ne propose pas l'abrogation de cette disposition; Et comment pourrait-on le faire dans un temps où l'on voit des actions en responsabilité aller rechercher des héritiers qui ont recueilli dix ou quinze années auparavant une succession qu'ils croyaient prospère, et qu'ils voient s'engloutir dans la débâcle d'une Société?

L'acceptation obligatoirement bénéficiaire est donc maintenue.

Mais l'héritier bénéficiaire est tenu de vendre judiciairement, il ne peut vendre à l'amiable (Art. 805 et 806 du Code civil).

Le mineur héritier bénéficiaire aura-t-il plus de droits que le majeur héritier bénéficiaire ?

Pourra-t-il vendre à l'amiable? Evidemment non.

Et s'il doit vendre judiciairement chaque fois qu'il agira comme héritier, la réforme proposée est-elle bien nécessaire?

N'y a-t-il pas encore une anomalie étrange entre ce fait que les meubles d'un mineur, ainsi qu'un fonds de commerce dont il sera copropriétaire, ne pourront être vendus qu'aux enchères, par un officier public et qu'il pourra vendre les immeubles à l'amiable?

Le projet demanderait donc, en tous cas, un remaniement complet, pour être mis en rapport avec la législation existante.

Nous ne saurions terminer ce paragraphe sans citer textuellement le sentiment exprimé par la Commission d'initiative parlementaire, sur le projet qui nous occupe en ce moment.

— La première Commission d'initiative parlementaire dit qu'à raison des décisions de ses prédécesseurs, elle ne s'oppose pas à la discussion du projet.

« Quoiqu'elle estime que dans les termes absolus où elle est
« formulée, cette proposition ne saurait être adoptée sans danger
« pour les intérêts des incapables, — dont le législateur n'a jamais
« cessé de se préoccuper — et sans léser les droits les plus respec-
« tables. »

§ 6.

Le projet de loi a été préparé en vue d'aboutir à une diminution des frais de justice ; or ce n'est pas dans l'abolition des règles de protection qu'il fallait chercher ce résultat. C'est le Code des formalités, c'est-à-dire le Code de procédure, qu'il faut réformer, car c'est lui seul qui en multipliant les actes, augmente les frais qui grèvent uniformément, et sans proportionnalité, les petites ventes aussi bien que les ventes importantes. Il faut entreprendre un travail d'ensemble sur la saisie immobilière et le livre 2ᵉ du Code de procédure, il faut remettre sur le chantier la loi du 2 juin 1841, qui avait été cependant soigneusement élaborée, et qui contient de bonnes dispositions.

Dans ce remaniement, on pourra abandonner certaines formalités, et réduire d'une façon notable les frais préliminaires. C'est là que peut se trouver la réforme à faire, même en admettant qu'on n'arrive pas au régime de la proportionnalité absolue.

C'est là que se trouve la réforme cherchée.

Il ne faut pas s'y tromper. — Le mineur n'en aura pas moins des frais à supporter, que l'on fasse en son nom un contrat de vente ou une mise en adjudication amiable, il aura toujours la charge des droits de mutation et des honoraires du notaire. Ce n'est pas parce que l'adjudication est faite judiciairement qu'elle est plus onéreuse, bien au contraire ; la remise attribuée aux avoués par le tarif décroissant de 1841, est notablement inférieure à celle que reçoivent les notaires à Paris et en province pour les ventes et adjudications amiables.

L'augmentation des frais vient des formalités préliminaires prescrites par le Code de procédure.

Quand on aura réglé ce point, on n'aura plus de changements à demander aux principes protecteurs du Code civil.

Ce travail d'ensemble, nous l'accepterons avec satisfaction, car il sera fait, nous n'en doutons pas, avec méthode, et dans un juste esprit d'équité.

Si, en attendant que ce travail soit terminé, on veut apporter un remède provisoire à une situation qu'on dit intolérable pour les petites ventes, que ne reprend-on certaines dispositions de la loi du 25 octobre 1884, en les étendant, dans une certaine mesure, aux ventes au-dessus de 2,000 fr. ?

Cette loi, outre les réductions faites sur les droits du Trésor et sur les émoluments des officiers ministériels, permet au Tribunal, dans son article 2 § 2 et § 3 et dans son article 5, de prendre des dispositions pour diminuer les frais de jugement, ceux d'affichage, de placards, etc.

Ces dispositions étendues à des ventes au-dessus de 2,000 francs, apporteraient un allègement sensible aux frais grevant les petites propriétés (1).

---

(1) On a prétendu que la loi du 25 octobre 1884 avait donné un résultat insignifiant et qu'il ressortait de la statistique de 1888 que la diminution de frais pour les immeubles au-dessous de 500 francs n'était que de 12 fr. 11 c.

Les journaux se sont emparés de cette constatation faite dans un document officiel pour reprendre la thèse habituelle de l'exagération des frais judiciaires.

M. le Garde des sceaux a dit à la tribune que la loi n'était pas appliquée par certains tribunaux et qu'on allait faire une enquête qui a, en effet, eu lieu.

Si la loi n'est pas appliquée dans certains Tribunaux l'administration judiciaire saura y pourvoir.

Mais il est évident pour nous qu'il y a une erreur dans les documents de la statistique.

Il est impossible qu'une loi qui ordonne la restitution de tous les droits du Trésor et la diminution d'un quart sur des émoluments des agents de la loi *(soit au moins des trois cinquièmes des frais)* ne produise qu'une décharge de 12 fr. 11 c. sur les frais perçus antérieurement à la loi de 1884.

L'erreur vient du mécanisme d'application de la loi. Les frais de toute vente inférieure à 2,000 francs sont soumis à la taxe et taxés comme s'ils devaient être intégralement payés. C'est seulement lorsque l'adjudication a eu lieu et qu'on a constaté qu'elle est inférieure à 2,000 francs que le juge ordonne la restitution des droits et la diminution des émoluments.

Les agents chargés de transmettre les documents à la statistique doivent évidemment, pour la plupart, envoyer le chiffre total des frais taxés sans tenir compte de la restitution ordonnée postérieurement.

Si des renseignements étaient demandés à ce sujet dans les bureaux du Ministère de la Justice, nous sommes convaincus que cette explication ne serait pas démentie.

— 15 —

§ 7.

Nous venons de critiquer le projet de l'honorable M. Piou
comme attaquant les principes de notre droit civil que nous
jugeons essentiels.

Nous avons dit pourquoi nous pensions qu'en tous cas le projet
ne peut être discuté dans sa forme actuelle.

Nous avons indiqué comment on pourrait, suivant nous, arriver
au but que se proposait l'honorable auteur du projet de loi.

Nous n'avons rien dit de ceux des officiers ministériels dont
l'existence est mise en échec par le projet.

Mais il en est question dans le rapport de la Commission d'initiative parlementaire ; M. Piou a bien voulu leur consacrer un
paragraphe. Nous sommes donc autorisés à dire un mot des corporations d'avoués.

L'honorable M. Jacques Piou dit dans son rapport qu'il avait
soumis à la Commission une disposition dont le but était d'attribuer
aux avoués un droit proportionnel pour l'homologation en cas de
vente ou de partage. Il ajoute qu'il n'avait pas songé seulement à
sauvegarder les intérêts des mineurs, mais qu'il s'était aussi préoc-
cupés de l'intérêt respectable des officiers ministériels ; car, dit-il,
le succès de la réforme que réaliserait le projet, tient beaucoup au
concours des avoués. Il cite, enfin, une opinion semblable de
M. Duvergier sur le même sujet.

« Mais il ajoute que la majorité de la Commission, sans mécon-
« naître la justesse de ces idées, a pensé qu'étant chargée d'étudier
« une *réforme générale du tarif*, elle devait réserver cette question
« *pour un travail d'ensemble* ».

Depuis plus de quarante ans on parle en effet d'une réforme générale du tarif qui date de 1807 ; mais jusqu'ici aucun projet n'a été même préparé.

Depuis que nous attendons cette réforme, la loi de 1841, sur l'expropriation en matière d'utilité publique, a déclaré que notre ministère, dans ces affaires, n'était pas obligatoire. L'expérience a démontré que cette exclusion n'avait profité ni à l'expropriant, ni à l'exproprié, mais aux seuls agents d'affaires qui ont fait de l'expropriation une branche industrielle.

La loi sur les ordres amiables et judiciaires a été faite avec promesse d'un tarif pour notre concours aux ordres amiables ; ce concours est réclamé de nous chaque jour dans les affaires les plus délicates où notre responsabilité est engagée. Le juge-commissaire ne peut cependant nous allouer aucune rémunération ; il n'y a pas de tarif.

La loi de 1889 sur le concours des femmes aux ventes amiables et le droit pour elles de renoncer à leur hypothèque légale fait disparaître un nombre considérable de procédures, de purges.

Enfin, les avoués sont littéralement accablés d'affaires d'assistance judiciaire, chaque jour plus nombreuses, surtout depuis le rétablissement du divorce.

Ils exercent leur profession avec un tarif que tout le monde s'accorde à trouver suranné.

Et cependant ils n'élèvent pas de plaintes, ils ne cherchent pas à empiéter sur les attributions des autres officiers ministériels.

On a reconnu la nécessité de leur concours à l'œuvre de la justice puisqu'on a créé leurs corporations, quand on eut constaté les abus résultant de la suppression des procureurs.

Ils exercent honorablement leur profession, — les magistrats veulent bien le reconnaître et le dire, — et il est bien rare qu'un sinistre éclate dans leurs rangs.

Nous ne pouvons donc croire que le projet de loi ait été inspiré par l'idée d'attribuer aux notaires le rôle et les avantages qui étaient réservés aux avoués dans les affaires d'ordre judiciaire.

Et cependant c'est le résultat auquel aboutirait le projet qui est soumis en ce moment à la Chambre.

Il leur enlèverait, sans avantages véritables pour les parties, les adjudications, c'est-à-dire les seules affaires dans lesquelles la loi leur alloue une rémunération proportionnelle.

Si leurs droits sont respectables, comme on se plaît à le proclamer, nous demandons qu'on ne les leur enlève pas en détail, sans jamais leur donner aucune compensation.

Nous sera-t-il permis de nous résumer en quelques mots.

Non seulement nous approuvons, mais nous demandons nous-mêmes les réformes et les simplifications qui sont dans la pensée de tous. — Notre corporation que l'on présente comme hostile à ces réformes, n'a jamais cessé de les désirer.

Mais associés à l'œuvre de la justice, nous avons non seulement le droit, mais le devoir de signaler les raisons pour lesquelles la proposition de l'honorable M. Piou, nous semble sujette à critiques.

Nous les avons indiquées en nous inspirant des principes et des règles de droit dont l'application est chaque jour l'objet de nos travaux.

Et l'expérience acquise dans une longue pratique des affaires et des hommes, nous oblige à dire, que nous avons malheureusement sous les yeux, beaucoup trop souvent, le triste spectacle de la passion des hommes pour leurs intérêts personnels.

C'est précisément pour cela que nous insistons, et que nous insisterons toujours, pour le respect des formes qui sont la protection nécessaire des incapables.

Et le moyen le plus sûr pour ne rien faire qui soit contraire à ces idées, ou qui puisse en compromettre le succès, c'est assurément de faire un travail d'ensemble.

Nous avons parlé aussi, mais, bien entendu, d'une façon simplement subsidiaire, des intérêts professionnels; et encore ne l'avons-nous fait que parce que l'honorable M. Piou, dans une pensée évidemment bienveillante, y avait fait lui-même allusion.

Il n'est, croyons-nous, personne qui ait jamais mis en doute le rôle utile, même nécessaire que joue notre corporation.

Il ne nous appartient pas de dire un mot de plus; mais il nous sera certainement permis, sans sortir d'une réserve que notre dignité seule suffirait à nous imposer, il nous sera permis, disons-nous, d'ajouter que, là encore et sur ce terrain qui nous est personnel, il faut aussi faire un travail d'ensemble afin de concilier avant tout l'intérêt des justiciables, puis celui du fisc, et enfin celui des officiers ministériels, lequel doit être pris en sérieuse considération si l'on veut avoir comme agents de la loi des hommes qui, par leur savoir, leur valeur et leur honorabilité seront dignes de faire partie de l'ordre judiciaire.

6705   Paris. — Typographie et Lithog. A. MAULDE et Cⁱᵉ, 144, r. de Rivoli.

www.ingramcontent.com/pod-product-compliance
Lightning Source LLC
LaVergne TN
LVHW011506170726
843501LV00009B/3627